Love Notes from Alborz

Pardis Aliakbarkhani

I0159069

For my father, Hossein, and the mountains that raised
him.
Love you forever.

The simmorgh flies over our home
Blows our tears away
With the thunderous clapping of her copper wings
The water sustains her, our salt heavy in the air
Her face is untouched
By all the years she has circled the sun
Carrying the pain of daughters she hasn't born
Into the wind
She looks me in the eye, one day
When I cannot stop pouring
When my tears cascade like a violent waterfall
And I am drowning as much as I am flowing
Turns my chin up with her wing, gentle and
searching,
"You are carrying the oceans of humanity,
in the soul of one drop.
That is why you suffer.
And why you will also find your power," she says
When she leaves again, I feel a tingle in my spine
I touch my shoulder
My finger pricked by the tip of a feather
Emerging from my skin

1

سیمرغ بر فراز خانه ما پرواز می کند

اشکهایمان را در هم می پاشد

با تکان رعد آسای بالهای مسی اش

آب به خوردش می رود، شوری ما سنگین در هوا

صورتش دست نخورده است

طی تمام سالهایی که خورشید را دور زده است

با حمل درد دخترانی که به دنیا نیاورده است

در باد

او به چشم من نگاه می کند، روزی

وقتی نمی توانم نبارم

وقتی اشکهایم مثل یک آبشار سخت جاریست

و من غرق می شوم به همان اندازه که می بارم

چانه ام را با بالش بالا می گیرد، ملایم و جستجوگر

"تو اقیانوسهای انسانیت را حمل می کنی،

در روح یک قطره.

به همین خاطر رنج می بری.

و نیز به همین خاطر نیرویت را خواهی یافت،" او می گوید

وقتی او دوباره می رود سوزشی را در ستون فقراتم احساس می کنم

شانه ام را لمس می کنم

نوک یک پر در انگشتم فرو رفت

بیرون زده از پوستم

2

On the darkest night of the year
When daevas prowl collecting fear
My people light candles and hold their loved ones
near
Read poets of old, smiling ear to ear
They celebrate the harvest
Sweeten their tea with bites of fresh fruit
Pomegranates and melons
Grapes, figs, and dates too
The lights may go out and the sun may retire
But our hearts are ever kindling
In the spirit of our fire

2

در تاریکترین شب سال

وقتی دیوها پرسه می زنند وحشت برانگیزان

مردم من شمعها را روشن می کنند و عزیزانشان را نزدیک نگه می دارند

شاعران قدیمی را می خوانند، گوش تا گوش لبخند می زنند

برداشت را جشن می گیرند

چایشان را شیرین می کنند با ذرات میوه تازه

انار و طالبی

انگور، انجیر، و همچنین خرما

چراغها ممکن است خاموش شوند و خورشید شاید برود

ولی دلهای ما همیشه روشن است

در روح آتش ما

The Scarlet Wednesday before the New Year
We pour out of our homes with a spirit of cheer
Chaharshanbe Suri, a festival of light
Piling brushwood into subtle hills to set afire
The fire is cleansing, a purification tool
An element of the gods, a gift to us, too
With the flickering of red tongues over the stacked
wood
We prepare to leap over it, leaving behind the last
year's tragedy, its foul mood
I sing, 'let your redness be mine, let my paleness be
yours,'
Before I cross the flames, lighter than before

3

چهارشنبه سرخ پیش از سال نو
ما با روحیه ای شاد از خانه هایمان بیرون می زنیم
چهارشنبه سوری، جشنواره نور
انباشتن بوته ها به صورت تپه ای ظریف برای آتش زدن
آتش پاک می کند، یک ابزار پاکسازی
عنصری از خدایان، هدیه ای به ما، نیز
با سوسو زدن زبانه های سرخ بر توده چوب
آماده می شویم تا از رویش بپریم، غم سال قبل را پشت سر بگذاریم، حال پلیدش را
من میخوانم، "سرخی تو از من، زردی من از تو،"
قبل از اینکه از شعله های آتش بگذرم، روشنتر از قبل

4

My father calls me and my sister lion women
Because no one need teach us
How to roar

4

پدرم من و خواهرم را شیرزنان می‌نامد
زیرا هیچکس نیاز ندارد به ما بیاموزد
چگونه غریدن را

5

Women have burned for less than I resolve to do in a
day
Been stoned into erasure from family history
For what now
Is merely existing
Been hung with recycled noose
Wet with the tears of their inconsolable fathers
To enjoy the freedoms that I live means
Always catching a glimpse
Of the rights, the basic dignities
That evade my sisters' grasp a world over
Where I see a sun rise from my bedroom in the west
Already rose in the east hours before
From a barred window

5

زنان سوخته اند برای کمتر از آنچه من در یک روز تصمیم می گیرم انجام دهم
سنگسار شده اند تا از تاریخ خانواده حذف شوند
برای آنچه آکنون
صرفا وجود دارد
از طناب دار بازیافت شده آویزان شده اند
خیس از اشکهای تسلی ناپذیر پدرانشان
برای برخوردار بودن از آزادی که معنای من زندگی می کنم این است
همیشه یک نگاه گذرا به حقوق، منزلتهای اساسی
که از چنگ خواهران من یک دنیا می گریزد
جایی که من از پنجره اتاق خوابم در غرب طلوع خورشید را می بینم
در شرق ساعتها قبل خورشید در آمده
از یک پنجره میله دار

6

Wildflowers grow on my arms, my legs
They grow between my brows and above my lips
Sometimes I prune their leaves
If they are crowded and persistent
Pull them from their root
I am barren land for a time
Until the spring of a new week has them growing
again
However they form, I speak kindly to them
Knowing they are an extension of me
And the country that is my existence

6

گلهای وحشی بر بازوهایم می رویند، بر پاهایم
آنها میان ابروها و بالای لبانم می رویند
گاهی برگهایشان را هرس می کنم
اگرشلوغ و پردوام باشند
آنها را از ریشه می کنم
من برای مدتی زمین بایر هستم
تا بهار یک هفته نو بار دیگر آنها را برویاند
با این حال آنها شکل می گیرند، من با آنها با مهربانی صحبت می کنم
در حالیکه می دانم آنها امتداد من هستند
و کشوری که وجود من است

7

My family is descended from the mountains of
Alborz
Its peaks can be seen from western shores
To make soft a jagged thing
To build homes around resplendent rock
To defy conquerors and their fables
To honour their own gods
That is what it means to be descended
From the mountains of our land
To walk with the strength of your ancestors, taller still
With heart in hand

7

خانواده من از تبار کوههای البرز هستند
قله هایش از سواحل غربی دیده می شود
برای نرم کردن یک شیء دندانه دار
برای ساختن خانه ها در اطراف صخره های با شکوه
برای مقابله با فاتحان و افسانه هایشان
برای گرامی داشت خدایان خود
که این همان معنای فرود آمدن است
از کوههای سرزمین ما
تا با قدرت نیاکانت گام برداری، هنوز بلندتر
با قلب در دست

When we first walked this earth
The laws were simple
If you found a man hungry, you fed him
If you found a man weathered, you sheltered him
We have evolved in so many ways
But in this, we've regress tenfold
That food, shelter, the basic necessities of living
Should be politicized from someone's personhood
That we should earn the right to exist, to survive even
Is a conviction not even a cave dweller could
understand
My doctrine is simple
Feed the hungry
Tend the suffering
House the world without question
For we are all children born under the same sun

8

وقتی ما برای نخستین بار بر این زمین قدم نهادیم
قوانین ساده بودند
اگر مردی را گرسنه می یافتی، به او غذا می دادی
آگر مردی را بی سرپناه می یافتی، به او پناه می دادی
در مسیرهای زیادی تکامل یافته ایم
اما در این، ده برابر پسرفت کرده ایم
که غذا، سرپناه، نیازهای اساسی زندگی
باید از شخصیت فرد سیاسی شود
که ما باید حق وجود داشتن را به دست آوریم، حتی زنده ماندن را
عقیده ای که حتی یک غارنشین نمی تواند بفهمد
اصول من ساده است
به گرسنه غذا بده
مراقب درد و رنج باش
بدون سوال دنیا را خانه کن
برای ما همه کودکان زیر یک خورشید به دنیا می آیند

9

I started distilling my watercolours with rose water
So that I remember to paint stories
That my ancestors can read
When they watch over me
A freckled bird nestled on a sweet persimmon
Black hair curled like vines descending from an olive face
Pomegranate seeds being planted
And taking root in foreign soil
Rose water perfume lingering in silhouettes

9

من شروع به تقطیر آبرنگهایم با گلاب کردم
تا به یاد بیاورم داستانها را نقاشی کنم
که اجدادم بتوانند بخوانند
وقتی که از من مراقبت می کنند
پرنده ای خالدار که بر یک درخت خرمالوی شیرین لانه کرده
موهای سیاه که مانند شاخه های درخت مو از یک صورت زیتونی پایین می ریزند
دانه های انار کاشته شده
و ریشه گرفته در خاک غریب
عطر گلاب که در سایه ماندگار است

10

The women in my family are so strong
That their love serves to make others stronger

10

زنان در خانواده من بسیار قدرتمندند
که عشقشان صرف قویتر کردن دیگران می شود

11

We had an old joke
My father and I
That the kindness my grandfather embodied
Was inherited by me
But skipped a generation in him
The joke funnier still
When my father softens for my sister and I
When he takes extra time to lay out seeds for the
birds
On our porch
When he found a mouse in our basement
Held it shivering from fear, gave it food and water
Before releasing it not a mile away
When father doesn't boast his kindness
Yet it animates so much of what he does
I would be lucky to have my children carry on that
gift
Even if I should not

11

ما یک شوخی قدیمی داشتیم
من و پدرم
مهربانی که پدربزرگم مظهر آن بود
به من به ارث رسید
اما یک نسل در او از قلم افتاده است
شوخی جالبی است هنوز
وقتی پدرم برای من و خواهرم ملایم می شود
زمانی که وقت زیادی می گذارد تا برای پرنده ها دانه بریزد
بر ایوانمان
وقتی در زیر زمینمان یک موش پیدا کرد
در حالیکه از ترس می لرزید موش را نگه داشت، به او آب و غذا داد
قبل از رها کردنش نه یک مایل دورتر
درحالیکه پدر به مهربانی اش نمی بالد
هنوز به آنچه انجام می دهد مهربانی اش جان می بخشد
من خوش شانس خواهم بود که فرزندانم این هدیه را حمل خواهند کرد
حتی اگر نباید

Hope is a prophecy for those
Who are brave enough to believe
That better days will lighten their hearts
Their shoulders too
Heavy from carrying the weight
Of disappointments on them
With jagged memories
Musings shattered from expectations broken
On the tongue of false pretense
Bloodied and tired, to believe is rebellion
Is strength
Is bravery
Is what crumbles stone under its pressure
Fate's leanings carved upon it
And rewrites destiny in hope's vision

12

امید یک رسالت است برای آنهایی که
آنقدر شجاع هستند تا باور داشته باشند
که روزهای بهتر دلهایشان را روشن خواهد کرد
شانه هایشان نیز
سنگین از حمل وزن
ناامیدیها بر رویشان
با خاطرات دندانه دار
افکار به هم ریخته از انتظارات شکسته شده
بر زبان تظاهر دروغین
خونین و خسته، اعتقاد داشتن طغیان است
قدرت است
شجاعت است
سنگ را زیر فشارش خرد می کند
آموزه های سرنوشت بر آن حک شده
و سرنوشت را در چشم انداز امید دوباره می نویسند

13

I wish I could kiss my grandmother's giving hands
Her tired feet
That walked her in life
And paved our living history

13

ای کاش می توانستم دستان بخشنده مادربزرگم را ببوسم
پاهای خسته اش را
که او را در زندگی راه برد
و تاریخ زندگی ما را هموار کرد

14

You are the image of longing itself
Your hands
Elongated from years of reaching towards stars
Caught in the web of the sky
Your eyes, deep set and weary from looking eagerly
Towards the horizon of the future
You have shaped yourself by living for tomorrows
But in that, lost your love of the now
The magic of today
Was this moment not one you once waited for?

14

تو تصویر خود عطش هستی
دستانت
از سالها دراز شدن به سوی ستاره ها کشیده شده
گرفتار در شبکه آسمان
چشمانت گود افتاده و خسته از نگریستن مشتاقانه
به سوی افق آینده
تو خود را با زندگی کردن برای فرداها شکل داده ای
اما در آن، عشق به اکنون را گم کردی
معجزه امروز
آیا این همان لحظه ای نبود که روزی منتظرش بودی؟

15

Beauty is my religion
It shapes my perception of the world and the people
in it
Wrinkles are beautiful
Making our elders gods
Kindness is beautiful
Making healers, creators, sweet souls, my priests
Recovery is beautiful
Making our suffering, fighting addiction
Like living prophets
Unbridled hope is beautiful
Making our children disciples of life's eternal plan
An image of ecstatic beauty

15

زیبایی دین من است
درک مرا از از دنیا و مردم درونش شکل می دهد
چین و چروکها زیبا هستند
سالخوردگانمان را تبدیل به الهه می کنند
مهربانی زیباست
شفادهندگان، آفرینندگان، ارواح شیرین، کشیشهای مرا به وجود می آورد
بهبودی زیباست
ایجاد درد و رنج، مبارزه با اعتیاد
مانند پیامبران زنده
امید بی مهار زیباست
فرزندانمان را پیرو برنامه زندگی ابدی می کند
تصویری از زیبایی خلسه انگیز

16

My mother taught me that forgiveness
Is the final incantation of love
We can only love as deeply
As we are able to forgive
And the root of forgiveness
Is acknowledging that you
Are no less God or human than I

16

مادرم به من آموخت که بخشش

آخرین افسون عشق است

ما فقط می توانیم عشق بورزیم تا

همان عمقی که قادر به بخشش هستیم

و ریشه بخشش

پذیرش این است که تو

کمتر از من خدا یا انسان نیستی

17

We search for God in churches and temples
When he lives in us ourselves
The spirit echoes in fleshy chambers
The charity of human beings

17

در کلیساها و معابد به دنبال خدا می گردیم
در حالیکه او درون خود ما زندگی می کند
روح در اتاقهای گوشتی منعکس می شود
خیرات انسانها

In another life I line my eyes with coal
Dip my hands into rose oil
Simmered and sifted into a clay bowl
Massage the oil into my palms, my fingers, my nail
beds
Comb it through my lashes, brows, the top of my
head
Let it trickle down my face
Past my shoulders and my breasts
Until it tickles my tummy, my thighs, and the rest
Oil seeping into my skin
With the sweetness of a summer rose
My lips pursed, my skin luminescent and exposed
I drape myself in white fleece cloth, a ceremonial
gown
Before I descend upon my own head
A gold embellished crown
The sun rises and sets, by the blinking of my eyes
Armies my footstools, for all their battle cries
As I walk down royal halls, my hands trace cypress
wood
And I reconcile the God and Queen in me
To stand with grace to earn my wool

18

در زندگی دیگر من چشمانم را با ذغال خط می کشم
دستانم را در گلاب فرو می برم
نیم جوش و الک شده در کاسه ای سفالی
گلاب را می مالم به کف دستانم، انگشتانم، بستر ناخنهایم
می آمیزمش با مژه هایم، ابروانم، بالای سرم
می گذارم از صورتم پایین بچکد
از شانه ها و سینه هایم بگذرد
تا قلقلک دهد شکمم را، رانهایم را، و باقی
گلاب به پوستم نفوذ می کند
با شیرینی یک گل رز تابستانی
لبانم جمع شده، پوستم درخشان و پدیدار
خود را می پوشانم در لباس سفید پشمی، یک جامه تشریفاتی
پیش از اینکه روی سرخود فرود بیاورم
یک تاج طلای زینتی
خورشید طلوع و غروب می کند، با پلک زدن من
زیرپایی های مرا زره پوش می کند، برای همه نبردهایشان گریه می کند
همانطور که از سالن سلطنتی پایین می روم دستانم چوب سرو را ردیابی می کنند
و خدا و ملکه را در من آشتی می دهم
که با وقار بایستم تا جامه پشمی ام را به دست آورم

19

Iranian people are likened to lions
Because they are strong
Understand the importance of the pack
And know when to show their teeth
In the new year that comes
The earth will heal
Our people will endure
Chaos and quiet will exist
Beautiful stillness in resilience will reign
And define another year

19

مردم ایران وصلند به شیران
زیرا آنها قدرتمندند
اهمیت دسته را می فهمند
و می دانند کی دندانهایشان را نشان دهند
در سال نویی که می آید
زمین بهبود خواهد یافت
مردم ما پایدار خواهند ماند
شلوغی و آرامش وجود خواهد داشت
سکون زیبا در انعطاف پذیری حاکم خواهد شد
و سال دیگری را تعریف خواهد کرد

20

Replace the fear in the soil of your mouth
With love
See the difference in what you cultivate
When you speak with this growth
On your tongue

20

ترس را در خاک زبانت جایگزین کن
با عشق
تفاوت را ببین در آنچه می کاری
زمانی که صحبت می کنی با این رشد
بر زبانت

21

Daughters are the universe's gift to societies
They rear, educate, voice change
They are revolutions in skin

21

دختران هدیه جهانند به جوامع
آنها پرورش می دهند، می آموزند، تغییر صدا
آنها انقلابهای پوستی هستند

Love yourself like a plant
Nurture yourself
Be mindful of your soil, your water, your sun
Adjust your environment when it no longer
Suits your growth
Crane your neck towards the sun
Not to burn, but for the light
Water yourself with intention
And do not weaken your stems
By polluting your feed
Be so conscious and dedicated to your growth
That you make it impossible for your roots
To not rejoice
Love yourself like this
And you will love yourself
And the world
Better for it

22

خودت را دوست داشته باش مانند یک گیاه
خودت را پرورش بده
به فکر خاکت باش، آبت، خورشیدت
محیطت را تنظیم کن وقتی که دیگر
مناسب رشدت نیست
گردنت را به سمت خورشید بالا بگیر
نه برای سوختن، بلکه برای نور
خودت را با نیت آبیاری کن
و ساقه هایت را ضعیف نکن
با آلوده کردن غذایت
هوشیار و وقف رشد خود باش
که تو غیرممکن می کنی برای ریشه هایت
شاد نبودن را
خودت را اینگونه دوست بدار
و تو خود را دوست خواهی داشت
و دنیا را
برای این بهتر

23

So many of a parent's lessons
Are orchestrated by laughter
My parents taught me to be a wiser person
With a smile on my face
And in my heart
You cannot beat down a person
Into betterment

23

بسیاری از درسهای پدر و مادر
با خنده موزون میشوند
پدر و مادرم به من آموختند که هوشیار باشم
با لبخندی بر چهره ام
و در دلم
تو نمی توانی کسی را شکست دهی
در بهبودی

24

Family is the feet you stand on
Sometimes it is the family you are born to in blood
Other times it is the family you choose
In any reflection
Honor the people who show up for you
That love you like a sister, a brother
There water of the womb is no more sacred
Than the blood of the covenant
As long as it flows through you with love

24

خانواده پاهایی است که بر آن می ایستی
گاهی خانواده ای که در آن به دنیا می آیی
گاهی دیگر خانواده ای که انتخاب می کنی
در هر پژواکی
کسانی که برای تو حضور می یابند را گرامی بدار
کسانی که تو را دوست دارند مانند یک خواهر، یک برادر
آنجا آب بطن وحشت زده تر نیست
از خون قراردادی
تا زمانی که در درونت با عشق جاریست

25

Chai is a persian's blood
I drink chai with my breakfast, my lunch, my dinner
I drink chai with my chai
In times of uncertainty
I look to two things;
A thick, leafy book
And a warm cup of tea
One waters, one feeds

25

چای خون یک ایرانی است
من چای می نوشم با صبحانه ام، ناهارم، شامم
من با چایم چای می نوشم
در ساعات تردید
من به دو چیز می نگرم:
کتابی کلفت و پربرگ
و یک فنجان چای گرم
یکی آب، یکی غذا

26

Tulips grow in my mind row by row
In the summer roses join them and poppies are sown
My mind is a garden on the foothills of Alborz
Even though that land, to my skin is foreign
Still my mind is Iranian
It matters not where I go
I am always growing tulips
In a strange place called 'home'

26

لاله ها در ذهنم ردیف به ردیف می رویند
رزها در تابستان به آنها می پیوندند و خشخاش کاشته می شود
ذهن من باغی است بر کوهپایه های البرز
گرچه آن سرزمین، به پوست من غریبه است
هنوز ذهن من ایرانی است
مهم نیست به کجا می روم
من همیشه لاله ها را می رویانم
در مکانی غریبه به نام "خانه"

27

The Caspian sea
Is a basin filled with jewels
Caviar, like mined gold
Salted from sturgeons
I imagine my mother
Standing by those turquoise waves
Her dress fabric fluttering
In the wind of the day
How she would look out onto those waters
Her soul reflected in its depths
The water she grew me in years later
Somehow borrowed from those ancient moments

27

دریای خزر
دریاچه ایست پر از جواهر
خاویار، مانند طلای استخراج شده
شور از ماهیان خاویار
مادرم را تصور می کنم
ایستاده بر آن امواج فیروزه ای
پارچه لباسش لرزان
در باد روز
چگونه به آن آبها می نگرد
روح او در اعماقش منعکس می شود
آبی که او سالها بعد مرا در آن بزرگ کرد
به گونه ای قرض گرفته از آن لحظات دیرینه

28

You can begin again
The sun will tell you, every morning that she rises
New possibilities are born as she edges the horizon

28

می توانی دوباره آغاز کنی
خورشید به تو خواهد گفت هر صبحگاه که طلوع می کند
امکانات نو متولد می شوند وقتی او به افق می رسد

29

The sky is not always married to the sun and the light
In the same way the sky
Is not always married to the moon and its darkness
Life reflects these phases
It gives us pause in our joy
Lament for the tragedy we have endured and will
again
And in the same way
Seeds hope to sprout in our sorrow
Knowing goodness will return

29

آسمان همیشه با خورشید و نور ازدواج نمی کند
به همین ترتیب آسمان
همیشه با ماه و تاریکی اش ازدواج نمی کند
زندگی این مراحل را منعکس می کند
در شادیمان وقفه می اندازد
مرثیه برای غمی که متحمل شده ایم و دوباره خواهیم شد
و به همین ترتیب
دانه ها امیدوارند که در اندوهمان جوانه زنند
در حالیکه می دانند خوبی باز خواهد گشت

30

I sink back into my chair
With a persimmon in my hand
Its subtle perfume lingers in the air
Between bites that remind me of home; a distant land
I imagine the waters of Babolsar
The mountain edge of Firuzkuh
The mingling of water and land
The bubbling of a sabzi stew
To have the sun kiss my skin
Where my seeds, my cells, take root
A gift I haven't yet received
A longing that lives on the tip of my tongue

30

در صندلی ام فرو می روم
با یک خرمالو در دستم
عطر لطیف آن در هوا ماندگار است
میان گازهایی که خانه را به یادم می آورد، یک سرزمین دور
آبهای بابلسر را تصور می کنم
لبه فیروزکوه
ترکیب آب و زمین
غلغل خورش سبزی
خورشید که بر پوستم بوسه می زند
آنجا که دانه هایم، سلولهایم، ریشه گرفتند
هدیه ای که هنوز به دستم نرسیده است
هوسی که بر نوک زبانم زندگی می کند

31

I write these poems for my parents
My father, today
For the sacrifices he makes for me
To be the writer I am today
As a child he fed me books
As an adult he offers his own words
I marry the two in my own mind
This is how you teach your children
How to discern
For my father and his brown eyes
Mingling with the Alborz grey
I dedicate these words to you
I hope we can read them back home someday

31

این اشعار را برای پدر و مادرم می نویسم
پدرم، امروز
به خاطر از خود گذشتگیهایی که برایم می کند
تا نویسنده ای باشم که امروز هستم
در کودکی مرا با کتاب تغذیه کرد
در بزرگسالی سخنان خود را اهدا می کند
من در ذهن خودم با این دو ازدواج می کنم
اینگونه به فرزندانتان می آموزید
چگونه تشخیص دادن را
برای پدرم و چشمان قهوه ای رنگش
که با خاکستری البرز در هم آمیخته
این کلمات را به شما تقدیم می کنم
امیدوارم روزی بتوانیم دوباره آنها را به خانه بخوانیم

www.ingramcontent.com/pod-product-compliance
Lightning Source LLC
Chambersburg PA
CBHW060710030426
42337CB00017B/2830
* 9 7 8 1 9 9 9 4 6 7 2 2 7 *